El templo en la historia bíblica

El Templo

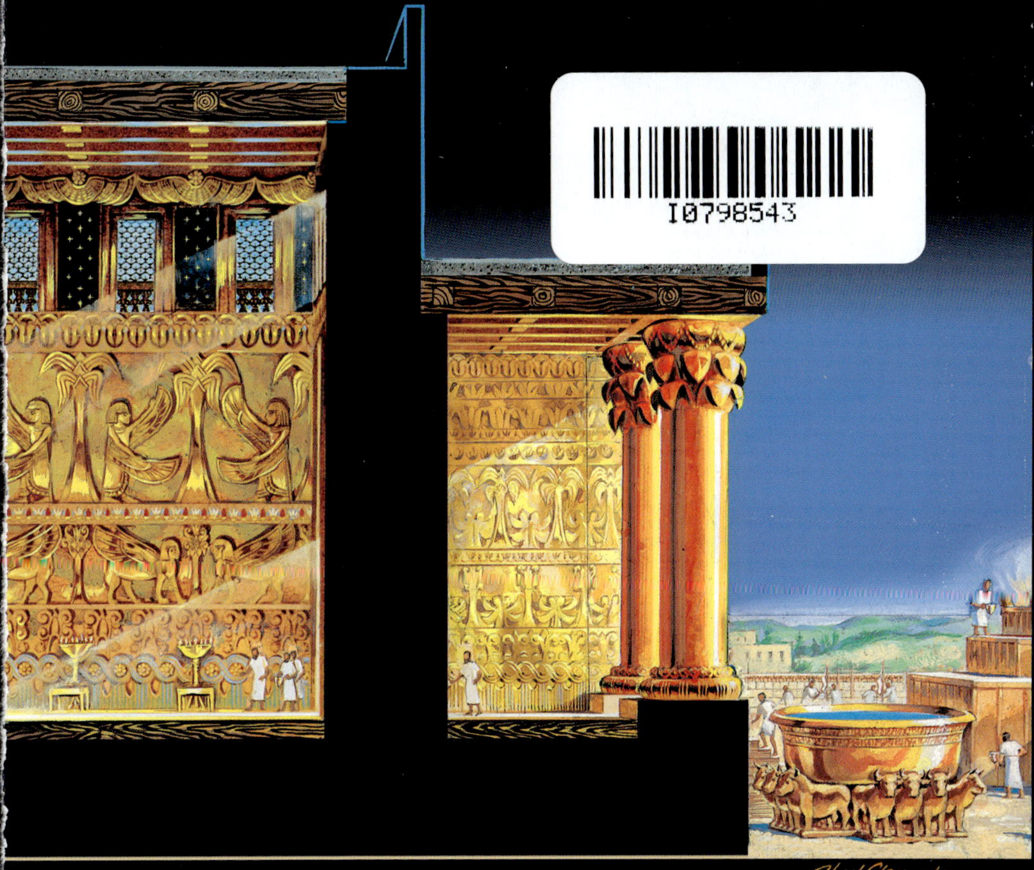

EL TEMPLO DE SALOMÓN

- El arca del pacto
- Hechos históricos
- Destrucción y reconstrucción
- Figura de Jesús y los creyentes

EL TEMPLO DE HERODES

- En la época de Jesús
- Hechos destacados

ROSE
ESPAÑOL

El templo de Salomón

Vista del templo sin el muro septentrional. A la izquierda, el este; a la derecha, el oeste. Observar cómo impactan los ra

Recorrido por el templo

El templo que se describe en la Biblia fue construido por el rey Salomón en el 960 a.C. Para comprender el propósito del templo, es importante saber que Dios creó el mundo y estableció reglas. Dios le dijo a Adán que la consecuencia del pecado era la muerte, Adán desobedeció, y el pecado, la muerte y la enfermedad irrumpieron en el mundo. A pesar de eso, Dios amaba a su pueblo y tuvo misericordia.

El sumo sacerdote

Antes de la muerte y resurrección de Jesús, Él proporcionó una manera de expiar los pecados para que las personas pudieran llegar a su santa presencia; por lo tanto, transitoriamente permitió que la sangre de un animal perfecto sustituyera la vida del pecador. Esta sangre derramada en sacrificio limpiaba el pecado y temporalmente justificaba al pecador ante Dios.

Dios amó tanto al mundo que envió a su Hijo Jesús para expiar, es decir quitar, los pecados del creyente de una vez y para siempre. La sangre de Jesucristo fue el sacrificio final que se necesitaba. (Génesis 2:17; 4:3-7; Levítico 1; 16:1-2; Isaías 59:2; Romanos 3:23; Hebreos 10:26-31)

A continuación aparecen los pasos necesarios para reconciliarse con Dios en la época del templo ("Antes") y en el presente ("Ahora").

yos del sol en el piso y las paredes de oro puro e iluminan todo el recinto.

(1) ALTAR DE BRONCE

Antes Dios exigía que su pueblo sacrificara habitualmente un animal perfecto (corderos, cabras, palomas, becerros) por los pecados. La sangre del animal justificaba a las personas delante de Dios y restauraba su relación con Él.

Ahora Jesús es nuestro sacrificio perfecto. Él vivió una vida sin pecado y murió voluntariamente por nuestros pecados para justificarnos delante de Dios para siempre. No se requieren más sacrificios. (Lev. 17:11; Heb. 9:25; Jn. 1:29; Ap. 13:8; Heb. 10:10; Rom. 4:25)

(2) SACRIFICIO

Antes Durante el sacrificio, la persona que ofrecía un animal le ponía la mano sobre la cabeza. Este gesto simbolizaba que depositaba su pecado en el animal y que este moría en su lugar.

El templo de Dios ayer, hoy y por siempre

Pedro y Juan en el templo

Pedro y Juan fueron al templo a orar. En el nombre de Jesús sanaron a un hombre lisiado de nacimiento y luego le hablaron a la gente sobre Jesús y la resurrección de los muertos. Ambos fueron encarcelados, pero un ángel del Señor los sacó de allí y les dijo que se presentaran en el atrio del templo y le proclamaran al pueblo todo el mensaje de la nueva vida en Jesús. Miles de personas creyeron en Él. (Hechos 3–5)

Esteban habla del templo

Esteban era un hombre lleno del poder y la gracia de Dios. Los apóstoles le delegaron responsabilidades porque estaba lleno del Espíritu Santo y sabiduría. Algunos testigos falsos dijeron que había hablado en contra del templo. Lo prendieron y lo llevaron ante tribunal supremo judío. Esteban les advirtió a los presentes que continuaban confiando en el templo físico mientras ignoraban el deseo del Espíritu Santo de habitar en el templo viviente de sus corazones. También les recordó que Dios no habita en casas construidas por hombres. (Hechos 7)

Palabras de Pablo referidas al templo

El apóstol Pablo dijo: "¿No saben que ustedes son templo de Dios y que el Espíritu de Dios habita en ustedes?" Es importante preservar el templo del Espíritu Santo en pureza y santidad. El creyente recibe el cuerpo de parte de Dios y no es su propio dueño. Fuimos comprados por un precio, el sacrificio amoroso de Jesús, por lo tanto, debemos glorificar a Dios con nuestro cuerpo. El Espíritu Santo nos alerta sobre el bien y el mal. Pablo afirma que la sabiduría de este mundo es locura.
(1 Corintios 3:16-19; 6:19)

Pablo dijo que así como el templo de Dios no tiene nada en común con los ídolos, un creyente (que es templo del Dios viviente) no puede amoldarse para ser igual a los incrédulos. Dios quiere vivir con nosotros, caminar con nosotros y ser nuestro Dios.
(2 Corintios 6:14-18)

Jesús es la piedra angular

El apóstol Pablo declaró que Jesús es la piedra angular de un templo santo y que los apóstoles y profetas son el fundamento. En Jesús se edifica el templo espiritual formado por la unión de todos los creyentes, y este templo es morada del Espíritu de Dios.
(Efesios 2:19-22)

El templo en Apocalipsis

El libro de Apocalipsis dice que el templo de Dios se abre en el cielo y que allí se ve el arca de su pacto
(Apocalipsis 11:19)

Del templo salen ángeles y está lleno de humo que procede de la gloria y el poder de Dios. (Apocalipsis 14:15–15:8)

Juan dice que vio la nueva Jerusalén donde el Señor Dios Todopoderoso y el Cordero son su templo. (Apocalipsis 21:1-22)

Otros versículos sobre el templo

- Mateo 12:5-8
- Mateo 17:24-27
- Mateo 21:15, 16
- Mateo 23:16-24
- Mateo 27:5
- Mateo 27:40
- Hechos 21:26-30
- Hechos 24:12
- Hechos 25–26
- 2 Tesalonicenses 2:1-12
- Hebreos 5:1-6
- Hebreos 7:23-28
- Hebreos 8:3-13
- Hebreos 9:6-25
- Hebreos 10:1-18
- Hebreos 13:10, 11
- Apocalipsis 7:14,15
- Apocalipsis 16

El templo en tiempos de Jesús: Hechos destacados

Herodes ocupó el trono de Judea desde el 37 a.C. hasta el 4 d.C. por orden de Roma. No era judío pero emprendió la reconstrucción del templo en el 20 a.C. para ganarse el favor del pueblo. Construyó un templo enorme y magnífico que, en aquel momento, ocupaba un 15% de la ciudad de Jerusalén. Jesús pasó mucho tiempo allí enseñando, sanando y preparando a los discípulos para su crucifixión y resurrección.

Aproximadamente 500 años antes de Herodes, Zorobabel y el sumo sacerdote Jesúa habían reconstruido el templo después del cautiverio en Babilonia y lo completaron en el 516 a.C. (Esdras 6:13-18) Unos 350 años más tarde, el rey seléucida Antíoco IV (Epifanes) lo profanó. El 15 de diciembre de 167 a.C., Antíoco IV levantó un altar pagano y el templo quedó contaminado para el ritual judío. Los macabeos, héroes judíos, derrotaron a los enemigos, purificaron el templo y lo rededicaron. Ese día se conmemora hasta hoy con el nombre de Januká o fiesta de la dedicación. Si bien no están registrados en la Biblia, estos son hechos históricos.

Jesús fue al templo durante la fiesta de la dedicación, fecha en que se conmemora la rededicación del segundo templo de Zorobabel que tuvo lugar alrededor del 164 a.C. (Juan 10:22- 23)

El templo estaba circundado por un muro que impedía el ingreso al santuario a los que no eran judíos. En 1871 se encontró una piedra con la siguiente inscripción: "Ningún extranjero puede traspasar la balaustrada que rodea el recinto del santuario. Cualquier persona que sea sorprendida cometiendo dicho acto, será responsable de su muerte resultante." (Ver Hechos 21:26 y Efesios 2:14-18)

En el interior del templo, una gran cortina separaba el Lugar Santo del Lugar Santísimo (Lucas 23:45). Sólo el sumo sacerdote podía entrar al Lugar Santísimo, y lo hacía una vez al año en el día de la expiación (Yom Kippur). Rociaba la sangre de los animales sacrificados sobre la tapa del Arca de la Alianza, lugar donde Dios se encontraba con su pueblo. (Levítico 16)

El libro de Hebreos habla de Jesús como nuestro sumo sacerdote. Fuimos santificados por Jesucristo quien entregó su cuerpo como sacrificio ofrecido una vez y para siempre. "Pues sin derramamiento de sangre no hay perdón". (Hebreos10:10; 9:22)

Jesús dijo que no quedaría piedra sobre piedra en el templo. En el 70 d.C., el templo fue destruido tal como Él lo predijo y hasta hoy no se ha reconstruido. (Marcos 13:1-2)

Cuando Jesús murió en la cruz, la cortina del templo (el velo) que separaba al hombre de Dios se rasgó en dos de arriba abajo. Jesús quitó la barrera que nos separaba del Padre. La Biblia dice que hay un solo intermediario o mediador entre Dios y los hombres, y ese hombre es Cristo Jesús. (Mateo 27:51; Marcos 15:38; Lucas 23:45; 1 Timoteo 2:5)

La construcción del templo de Herodes duró 80 años (20 a.C.–64 d.C.) En el 70 d.C. fue destruido por el general romano Tito. Sus hombres incendiaron el templo y robaron algunos de los utensilios de oro. El Arco de Tito en Roma conmemora esta victoria y muestra a los soldados llevándose el candelabro de oro de siete brazos.

En el día de hoy, los judíos oran junto al muro occidental que formaba parte del templo de Herodes. Algunos lo llaman el "muro de los lamentos" porque los judíos lloran y se lamentan por la pérdida del templo.

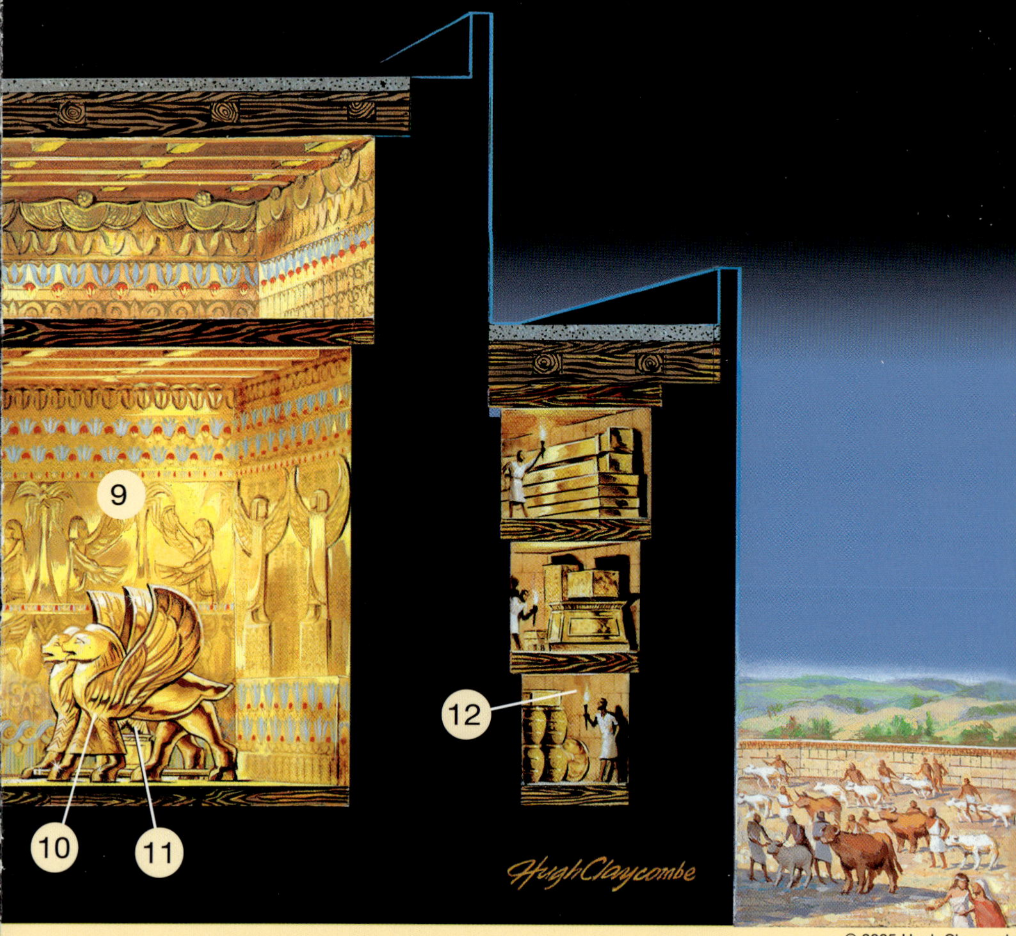

Ahora Jesús es el Cordero de Dios que fue sacrificado como se hacía con los becerros y corderos. La Biblia dice que debemos ofrecer nuestro cuerpo como sacrificio vivo, santo y agradable a Dios, sin amoldarnos al mundo y con una mente renovada. (Jn. 1:29; Rom. 12:1-2) Debemos ofrecer a Dios otra clase de sacrificio: alabar su nombre, hacer el bien y compartir con otros lo que tenemos. (Hebreos 13:15-16)

③ "MAR DE BRONCE" (lavamanos de bronce)
Antes Los sacerdotes se lavaban en esta fuente de metal para purificarse antes de ingresar al templo. Tenía cerca de 4,6 m (15 pies) de diámetro y una capacidad aproximada de 38.000 litros (10.000 galones). La fuente descansaba sobre doce bueyes de bronce.

Ahora Los creyentes en Cristo son salvados y lavados por la sangre de Jesús.

Aunque hayamos aceptado el sacrificio de Jesús al morir por nosotros, también necesitamos ser limpiados espiritualmente. Si confesamos nuestros pecados, Dios nos perdonará y nos limpiará. (Éxodo 30:18; 38:8; 1 Reyes 7:23-26; 1 Juan 1:7-10)

④ COLUMNAS DE BRONCE
Antes Dos columnas llamadas *Jaquín*, a la derecha, y *Boaz*, a la izquierda, sostenían el techo del pórtico. Tenían 9 m (27 pies) de altura.

Ahora Todo aquel que permanezca fiel a Jesús en el tiempo de prueba será hecho "columna del templo de Dios". (Apocalipsis 3:12)

Guía para recorrer el templo

⑤ LUGAR SANTO

Antes Sólo los sacerdotes podían entrar al Lugar Santo, y lo hacían a diario.
Ahora Todos los que creen en Jesús fueron santificados mediante su sacrificio y pueden presentarse directamente delante de Dios. (Éxodo 29–30; Hebreos 9–10)

⑥ CANDELABROS DE ORO Y MESAS PARA LOS PANES DE LA PRESENCIA (PROPOSICIÓN)

Antes Para el templo se construyeron diez candelabros de oro y diez mesas para los panes. (1 Reyes 7:49; 2 Crónicas 4:7,8,19,20)
Ahora Cristo es la luz del mundo y el pan de vida. (Juan 9:5; 6:48-51)

⑦ ALTAR DE ORO PARA EL INCIENSO

Antes Tal como Dios exigía, las oraciones se elevaban a Él junto al altar de oro donde se quemaba el incienso fragante.
Ahora Las oraciones del pueblo de Dios son como incienso fragante para Él. (1 Rey. 6:22; 2 Crón. 4:19; Ex. 30:35-37; Ap. 5:8)

⑧ EL VELO

(Puertas de madera de olivo y cortina)
Antes El velo separaba el Lugar Santo del Lugar Santísimo donde estaba el Arca de la Alianza y marcaba la separación entre el Dios santo y el pueblo pecador. Sólo el sumo sacerdote podía entrar una vez al año.
Ahora Los creyentes en Cristo pueden entrar a la presencia de Dios mediante la oración porque la sangre de Jesús, el gran Sumo Sacerdote, los hizo aceptables delante de Él. Cuando Jesús murió, el velo del templo se rasgó en dos de arriba abajo. (2 Crón. 3:14; 1 Rey. 6:31-35; Ex. 25–26; Mat. 27:51; Heb. 10:19-22)

⑨ LUGAR SANTÍSIMO

Antes El Lugar Santísimo era la habitación del trono de Dios, el sitio de encuentro con Él para recibir los mandamientos. El trono de la gracia se encontraba entre los dos querubines sobre el Arca de la Alianza. El día de la expiación, el sumo sacerdote rociaba sangre sobre este trono con el propósito de expiar los pecados que el pueblo había cometido ese año.
Ahora Los creyentes pueden presentarse confiadamente delante del trono de la gracia de Dios. (Hebreos 4:16)

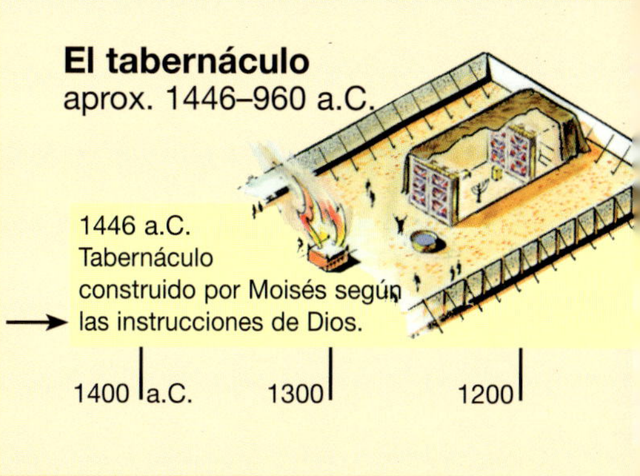

⑩ QUERUBINES

Antes Dos enormes querubines (criaturas aladas) tallados en madera de olivo custodiaban la entrada a la presencia de Dios. Los querubines estaban recubiertos de oro y sus alas extendidas llegaban de pared a pared y se tocaban en el centro del santuario. Cuando Dios expulsó al hombre del huerto de Edén, puso querubines y una espada encendida para custodiar el camino al árbol de la vida. (1 Rey. 6:19-29; Gén. 3:24)
Ahora Los creyentes pueden gozar de vida eterna en la presencia de Dios mediante la fe en Cristo Jesús. (Jn. 3:16; Jn. 17)

⑪ ARCA DE LA ALIANZA/DEL PACTO

Antes El arca era un cofre de madera labrada recubierto de oro. En su interior se encontraba la Ley de Dios (los Diez Mandamientos) grabada en dos tablas de piedra. Sobre la tapa estaba el trono de la gracia que representaba el lugar de encuentro entre Dios y el hombre. (Éxodo 25:10-22)
Ahora En el día de hoy, Dios quiere tener comunión con nosotros y nos dio la posibilidad de conocerlo a través de Jesús. (Juan 14:6; Hebreos 9:4; 10-22)

⑫ ALMACENES (Tesorería)

Antes El tesoro del templo de Dios y las ofrendas sagradas se guardaban en habitaciones distribuidas en tres plantas. Estos tesoros fueron saqueados varias veces.
Ahora Jesús nos insta a no acumular tesoros en la tierra sino en el cielo. (1 Crónicas 28:11-12; Mateo 6:19-21)

El templo de Herodes

20 a.C. - 70 d.C.

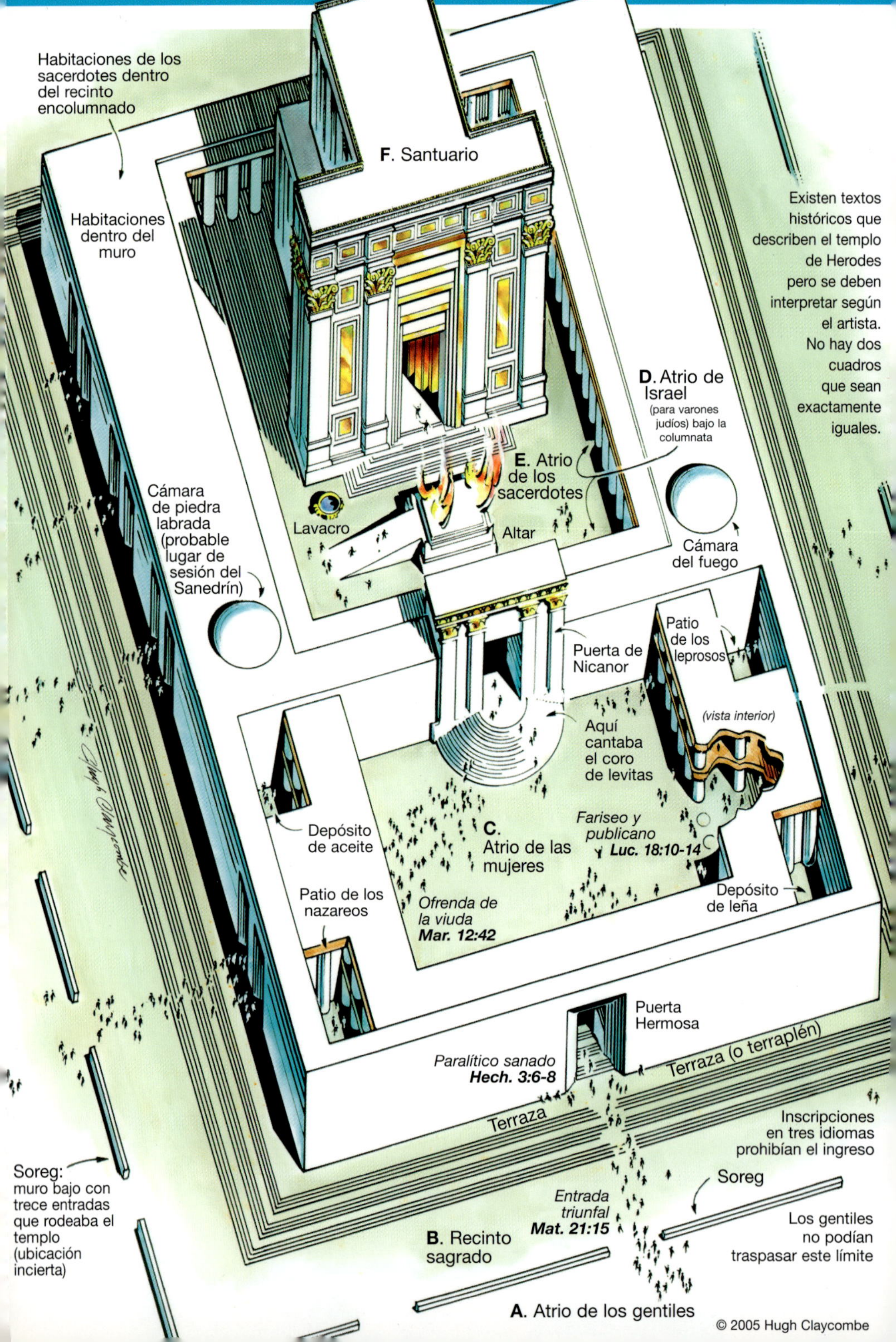

Jesús en el templo de Dios

Nacimiento

• Según lo establecido por la ley, aprox. 40 días después de su nacimiento, los padres de Jesús lo llevaron al templo para presentarlo al Señor. Tal vez ofrecieron en sacrificio un par de tórtolas o dos pichones de paloma. (Lucas 2:22-24; Levítico 12:3-8)

• El Espíritu Santo le había revelado a Simeón, un hombre justo y piadoso, que antes de morir vería al Cristo del Señor. Movido por el Espíritu, fue al templo y tomando a Jesús en sus brazos alabó a Dios diciendo: "...han visto mis ojos tu salvación ... luz que ilumina a las naciones y gloria de tu pueblo Israel". (Lucas 2:25-33)

• Ana, una anciana profetisa que adoraba a Dios noche y día en el templo con ayunos y oraciones, daba gracias a Dios y hablaba del niño a todos los que esperaban la redención de Jerusalén. (Lucas 2:36-38)

A los doce años de edad

• Cuando Jesús tenía doce años, su familia viajó a Jerusalén a celebrar la Pascua. Tres días después de la fiesta, sus padres lo hallaron en el atrio del templo sentado entre los maestros, escuchando y respondiendo preguntas. Los que lo oían se asombraban de su entendimiento y de sus respuestas. Jesús dijo que debía ocuparse de los asuntos de su Padre. (Lucas 2:41-50)

A partir de los treinta años

• Jesús tenía unos 30 años cuando comenzó su ministerio. Después de su bautismo fue tentado por el diablo durante 40 días. El diablo lo llevó a la parte más alta del templo y lo desafió a arrojarse desde allí, dado que era el Hijo de Dios. Jesús le respondió: "También está escrito: 'No pongas a prueba al Señor tu Dios'". El diablo se alejó de Él por algún tiempo. (Mateo 3:16-17; 4:1-7; Lucas 4:1-13; Deuteronomio 6:16)

• Jesús enseñó muchas veces en el templo. (Mateo 12; 21; 24; 26:55; Marcos 11–15; Lucas 18–21; Lucas 22:53; Juan 2–10; 18:20)

• Jesús echó a todos los que vendían y compraban en el templo. Dijo que su casa era casa de oración y que ellos la habían convertido en cueva de ladrones. (Mateo 21:12-13; Marcos 11:15-17; Lucas 19:45-46; Juan 2:14-15)

• Jesús curó ciegos y enfermos en el templo. (Mateo 21:14)

• Jesús enseñó mediante parábolas en el templo. (Mateo 21:23-46; 22:1-14; Marcos 12:1-11)

• Jesús observaba a la gente que ofrendaba dinero en el templo. Comentó sobre la actitud de la viuda que dio todo lo que tenía. (Marcos 12:41; Lucas 21)

• Jesús dijo que Él era mayor que el templo. (Mateo 12:6)

• También les dijo: "Destruyan este templo ... y lo levantaré de nuevo en tres días", al hacer referencia a su muerte y resurrección. (Juan 2:19-22; 22:21)

Cronograma histórico y hechos destacados

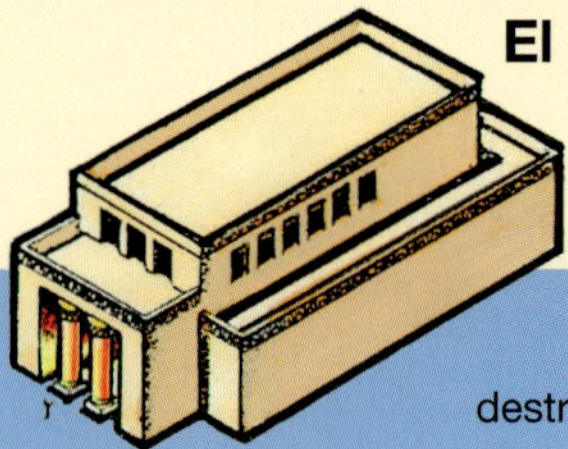

El templo de Salomón
960–586 a.C.
En Jerusalén

960 a.C.
Templo construido
por el rey Salomón →

586 a.C.
El templo saqueado y
destruido por los babilonios →

516 a.C.
Templo re
pero men
←

1100 | 1000 a.C. | 900 | 800 | 700 | 600 | 500

641–609 a.C.
Rey
Josías

LA CONSTRUCCIÓN DEL TEMPLO

- El rey David designó entre los levitas (ayudantes de los sacerdotes) 24.000 capataces, 6000 oficiales, 4000 porteros y 4000 músicos.
- Salomón acordó un trueque con el rey Hiram de Tiro y entregó durante varios años trigo y aceite de oliva a cambio de madera de cedro y de pino.
- Salomón envió 30.000 obreros en relevos al Líbano para llevar la madera de cedro a Israel. En las colinas tenía 70.000 cargadores y 80.000 canteros.
- El lugar donde se realizaban las obras debía ser silencioso, tal como corresponde a un santuario; por lo tanto, el labrado de las piedras y el tallado de la madera se hacía lejos de allí. (1 Reyes 6:7-15)
- La construcción del templo llevó siete años. (1 Reyes 5:10-15; 6:1,38)

LA HISTORIA DEL TEMPLO

- El templo fue saqueado por reyes de muchas naciones. (1 Reyes 14:25-26; 15:18)
- Durante el reinado de Josías se restauró el templo y se encontró el "libro de la ley". El rey, sumamente conmovido al comprender que habían abandonado a Dios, reunió al pueblo en el templo para que escuchara la lectura del "libro de la ley". Josías se comprometió a seguir al Señor y cumplir sus mandamientos. (2 Reyes 22–23; 2 Crónicas 34)
- Nabucodonosor, rey de Babilonia, se llevó los utensilios de oro del templo y, ocho años después, atacó nuevamente la ciudad. Once años más tarde el templo fue destruido y el arca de la alianza desapareció. (2 Reyes 25; Daniel 1:1-2; Jeremías 3:16-17)

EL DÍA DE LA EXPIACIÓN Y LA CEREMONIA DEL MACHO CABRÍO

- Se necesitaban dos machos cabríos. Uno era sacrificado por los pecados y el otro ("el chivo expiatorio") cargaba todo el pecado y la maldad del pueblo. Este segundo animal era llevado al desierto y allí se lo soltaba para que jamás regresara. (Levítico 16:5-22)

- Jesús se entregó en sacrificio, tal como se hacía con el primer macho cabrío, y pagó por nuestros pecados. "… somos santificados mediante el sacrificio del cuerpo de Jesucristo, ofrecido una vez y para siempre". (Heb.10:10)

- Jesús cumplió la función del "macho cabrío" al cargar nuestros pecados. "Tan lejos de nosotros echó nuestras transgresiones como lejos del oriente está el occidente". (Salmo 103:12)

Preguntas y respuestas

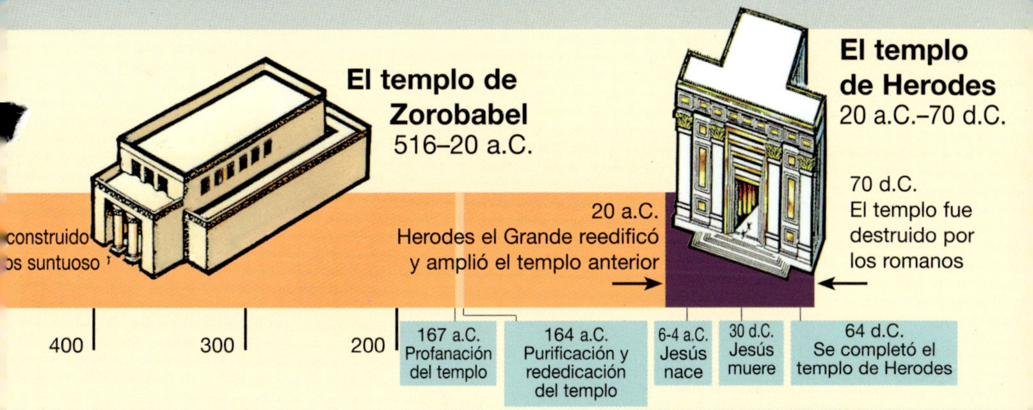

P. ¿Quién tuvo la idea de construir el templo?
R. El rey David, padre de Salomón, dijo: "Yo tenía el propósito de construir un templo para que en él reposara el arca del pacto del Señor nuestro Dios y sirviera como estrado de sus pies". (1 Crónicas 28:2)

P. ¿Quién diseñó los planos del templo?
R. El Espíritu de Dios le reveló a David el diseño de los planos. (1 Crónicas 22:2-19; 28:12-19)

P. ¿Por qué Dios no le permitió a David construir el templo?
R. Porque había derramado mucha sangre y participado en muchas guerras. (1 Crón. 22:7-10)

P. ¿Quiénes financiaron la construcción del templo?
R. El rey David entregó oro, plata, bronce, hierro, piedras preciosas, madera y mármol junto con su fortuna personal que constaba de 3000 talentos de oro y 7000 de plata refinada. Los líderes del pueblo también donaron oro, plata, bronce y hierro. Las personas que tenían piedras preciosas las ofrecieron y todo el pueblo se alegró. (1 Crónicas 29:1-9)

P. ¿Dónde se construyó el templo?
R. En el monte Moria (monte Sión), tradicionalmente considerado el lugar donde Abraham ofreció en sacrificio a Isaac.

P. ¿Por qué fue destruido el templo?
R. Jeremías advirtió que Jerusalén y el templo serían destruidos como castigo por los pecados del pueblo. (Jeremías 27)

P. ¿Qué dijo Salomón sobre Dios y el templo?
R. Salomón declaró que si los cielos no pueden contener a Dios, ¡cuanto menos lo haría el templo! (1 Reyes 8:27)

P. ¿Cuándo fue destruido el templo y cuándo se reconstruyó?
R. Los babilonios lo destruyeron en el 586 a.C. y llevaron cautivos a los israelitas. La reconstrucción comenzó 50 años más tarde, en el 536 a.C., cuando Dios envió a Zorobabel, gobernador de Judá, a reconstruir el templo después de que el rey Darío de Persia autorizara el regreso de algunos israelitas a Jerusalén. La obra finalizó en el 516 a.C., 70 años después de su destrucción. (Hageo 1:6–2:9)

P. ¿Qué aspecto tenía el templo de Zorobabel?
R. Es probable que el plano haya sido igual al anterior pero los recursos eran limitados, así que este templo fue mucho más modesto. Los que habían conocido el primer templo lloraron al comparar ambas construcciones. (Esdras 3:12)

P. ¿En qué fecha se construyó el templo de Herodes y cuándo fue destruido?
R. El templo de Herodes fue construido entre el 20 a.C. y el 64 d.C. Los romanos lo destruyeron en el 70 d.C. Jesús predijo que no quedaría piedra sobre piedra (Marcos 13:1-2). El templo nunca se reconstruyó.

P. ¿Se reconstruirá el templo en el futuro?
R. Muchos creen que el templo está en el corazón de los creyentes, y otros que el templo físico será reconstruido. Jesús hizo referencia a que Él mismo era el templo (Juan 2:19,21), y Esteban dijo que el Espíritu Santo quiere habitar en el templo viviente de nuestro corazón (Hechos 7). Pablo declaró que nosotros somos templo de Dios y que el Espíritu de Dios habita en nosotros (1 Corintios 3:16-17).

El templo de Herodes

Stan Stein

EL TEMPLO QUE CONOCIÓ JESÚS

En este magnífico templo, Jesús asombró a los doctores de la ley cuando era niño. Aquí también expulsó a los cambistas, alabó a la viuda que ofrendó todo lo que tenía y, cuando Él murió, el velo se rasgó de arriba abajo.

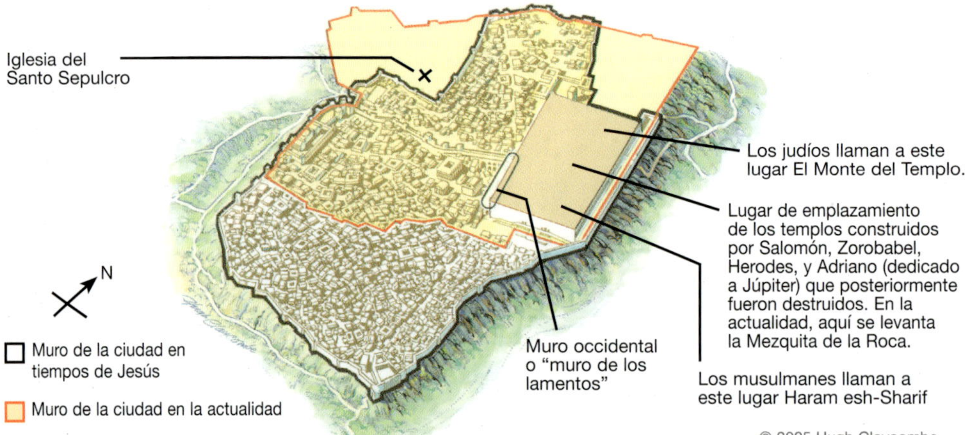

ROSE ESPAÑOL

Un sello editorial de Hendrickson Publishing Group

Rose Publishing, LLC
www.hendricksonrose.com

ISBN 978-162862-912-5

Traducción: Nora Redaelli

Folleto #S567X *El Templo*

Minoristas: Paquete de 5 folletos = #S568X (ISBN: 9781628629316)